BEI GRIN MACHT SICH IHR
WISSEN BEZAHLT

- Wir veröffentlichen Ihre Hausarbeit,
  Bachelor- und Masterarbeit

- Ihr eigenes eBook und Buch -
  weltweit in allen wichtigen Shops

- Verdienen Sie an jedem Verkauf

Jetzt bei www.GRIN.com hochladen
und kostenlos publizieren

Trainingsplanung für das Ausdauertraining einer 32-jährigen Frau

Sophia Hampe

Bibliografische Information der Deutschen Nationalbibliothek:

Die Deutsche Nationalbibliothek verzeichnet diese Publikation in der Deutschen Nationalbibliografie; detaillierte bibliografische Daten sind im Internet über http://dnb.d-nb.de abrufbar.

ISBN: 9783346929112
Dieses Buch ist auch als E-Book erhältlich.

© GRIN Publishing GmbH
Trappentreustraße 1
80339 München

Druck und Bindung: Books on Demand GmbH, Norderstedt Germany
Gedruckt auf säurefreiem Papier aus verantwortungsvollen Quellen

Das vorliegende Werk wurde sorgfältig erarbeitet. Dennoch übernehmen Autoren und Verlag für die Richtigkeit von Angaben, Hinweisen, Links und Ratschlägen sowie eventuelle Druckfehler keine Haftung.

Das Buch bei GRIN: https://www.grin.com/document/1381891

Deutsche Hochschule für
Prävention und Gesundheitsmanagement
Hermann-Neuberger-Sportschule 3
66123 Saarbrücken

Name, Vorname	**Hampe, Sophia**
Studiengang	**Sportökonomie**
Studienmodul	**Trainingslehre II**
Datum Präsenzphase (siehe Ergebnisdokumentation)	**13.-15.12.2021**
Aufgabe	**Erstellen Sie für eine beliebige Person eine Trainingsplanung für das Ausdauertraining.**

Inhaltsverzeichnis

1 Teilaufgabe 1 - Diagnose

1.1 Allgemeine und biometrische Daten

Tab. 1: Allgemeine Daten

Alter:	32 Jahre
Geschlecht:	weiblich
Körpergröße:	165 cm
Körpergewicht:	73 kg
Trainingsmotive:	- Gewichtsreduktion
	- Körperformung
	- Verbesserung der Ausdauer
Berufliche Tätigkeit:	Bürokauffrau
Aktuelle sportliche Tätigkeiten:	keine
Frühere sportliche Tätigkeiten:	Mit 18 Jahren 1 Jahr Krafttraining, 2-mal pro Woche
Zeitlicher Verfügungsrahmen:	2-3-mal pro Woche, 1 Stunde
Orthopädische Probleme:	Keine
Internistische Probleme:	Erhöhter Blutdruck
Ärztliche Behandlungen:	Keine
Medikamente:	Keine
Sonstige gesundheitliche Einschränkungen:	Keine

Tab. 2: Biometrische Daten

Parameter Blutdruck:	143/92 mmHg
Bewertung Blutdruck:	Milde Hypertonie Stufe 1 (vgl. Tab. 3)
Parameter Ruhepuls:	83 Schläge/min
Bewertung Ruhepuls:	Leicht erhöhter Ruhepuls (Norm: 60-80 S/min)
Parameter BMI:	26,8
Bewertung BMI:	Übergewicht (vgl. Tab. 4)

Tab. 3: Blutdruck-Normalwert-Tabelle WHO („Blutdruck Normalwerte - Welche Werte sind normal?", o. J.)

	systolisch (mmHg)	diastolisch (mmHg)
optimaler Blutdruck	< 120	< 80
normaler Blutdruck	120-129	80-84
hoch-normaler Blutdruck	130-139	85-89
Milde Hypertonie (Stufe 1)	140-159	90-99
mittlere Hypertonie (Stufe 2)	160-179	100-109
schwere Hypertonie (Stufe 3)	>= 180	>= 110

Tab. 4: Klassifikation des BMI nach WHO („Body mass index - BMI", o. J.)

BMI	Klassifikation
<18,5	Untergewicht
18,5-24,9	Normalgewicht
25-29,9	Übergewicht
30-34,9	Adipositas Grad 1
35-39,9	Adipositas Grad 2
>40	Adipositas Grad 3

1.2 Leistungsdiagnostik/ Ausdauertestung

1.2.1 Begründung Fahrradergometertest

Zur Bestimmung der Leistungsfähigkeit bzw. Belastbarkeit der Testperson wird im Folgenden der WHO-Test durchgeführt. Bei diesem Testverfahren handelt es sich um einen submaximalen Stufentest, bei dem die Stufendauer 2 Minuten beträgt und die Belastung je um 25 Watt gesteigert wird.

Der WHO-Test ist aufgrund seiner eher geringen Belastungssteigerung und den kurzen Belastungsstufen vor allem für leistungsschwache, untrainierte Frauen geeignet. Daher wurde dieses Testverfahren für die Testperson ausgewählt, da sie als Trainingsbeginner nicht überfordert werden sollte, um die Motivation nicht zu verringern.

1.2.2 Testverlauf

Zunächst wird eine Voreinstufung der Zielherzfrequenz nach IPN („IPN-Test - Ausdauertest für den Fitness- und Gesundheitssport.pdf", o. J.) vorgenommen. Dabei wird das Lebensalter sowie die Ruheherzfrequenz berücksichtigt. Anhand dieser Parameter ergibt sich für die Testperson eine Zielherzfrequenz von 145 Schlägen pro Minute. Außerdem wird bei der Einstufung die Trainingshäufigkeit ausdauerrelevanter Aktivität berücksichtigt. Da die Testperson aktuell kein Ausdauertraining betreibt, gibt es keinen Pulsaufschlag.

3

Tab. 5: Testprotokoll

WHO-Radergometertest (submaximal)			
Relevante Parameter			
Eingangsbelastung:	25 Watt	Geschlecht:	weiblich
Belastungssteigerung:	25 Watt	Alter:	32 Jahre
Stufendauer:	2 Minuten	Gewicht:	73 kg
Umdrehungszahl:	60-80 U/min	Pulsobergrenze:	145 S/min
Protokoll			
Zeit (min)	Watt	HF 1 (S/min)	HF 2 (S/min)
0-2	25	110	108
3-4	50	113	119
5-6	75	126	131
7-8	100	137	142
9-10	125	145	-
Watt gesamt	112,5		
Watt/Kg	1,54		

1.2.3 Bewertung

Die Testperson hat insgesamt vier Belastungsstufen vollständig durchfahren. Die 5. Belastungsstufe wurde nach einer Minute abgebrochen, da die definierte Pulsobergrenze von 145 S/min erreicht wurde. Um die Watt-Gesamtleistung herauszufinden, muss nun eine Zeitinterpolation durchgeführt werden (4 Stufen vollständig = 100 Watt; 5. Stufe nur halb durchfahren, daher 25 Watt: 2 = 12,5 Watt + 100 Watt = 112,5 Watt).

Die Watt-Soll-Leistung ergibt sich, indem man die erbrachte Wattleistung durch das Körpergewicht teilt (112,5: 73 = 1,54). Anhand der Normtabelle für submaximale Radergometertests ist nun zu erkennen, dass die Testperson mit einer Leistung von 1,54 Watt/kg eine leicht unterdurchschnittliche Watt-Soll-Leistung erbringt.

1.3 Gesundheits- und Leistungsstatus der Person

Die Testperson ist als uneingeschränkt trainierbar einzustufen, da sie sich nicht in ärztlicher Betreuung befindet und keinerlei Medikamente einnimmt. Sie hat zwar einen leicht erhöhten Blutdruck sowie Puls, diese stellen jedoch keine Einschränkungen der Belastbarkeit der Testperson dar. Dennoch sollte der Blutdruck regelmäßig gemessen werden, um mögliche Veränderungen zu erkennen und rechtzeitig zu behandeln.

2   Teilaufgabe 2 – Zielsetzung/ Prognose

Tab. 6: Biometrische und sportmotorische Ziele der Testperson

	Inhalt	Ausmaß	Zeit
Ziel 1	Gewichtsreduktion und Senkung des BMI	5 kg BMI unter 25	4 Monate
Ziel 2	Steigerung der Wattleistung im WHO-Ausdauertest	Watt-Soll-Leistung auf 1,89 in den gut trainierten Bereich	10 Wochen (nach 2 Mesozyklen)
Ziel 3	Senkung Blutdruck	Reduktion Blutdruck 5-8 mmHg (systolisch) 3-5 mmHg (diastolisch) in den Normbereich	3 Monate

„Zielsetzung und Inhalte des Trainings müssen gesundheits-, geschlechts- und altersspezifische Besonderheiten und Adaptabilität sowie individuelle Fähigkeiten und Neigungen berücksichtigen." (Banzer, 2017, S. 41)

Die Testperson möchte sich insgesamt wieder wohler in ihrem Körper fühlen, weshalb die Gewichtsreduktion ein wichtiges Ziel darstellt. Außerdem ist dadurch eine Verbesserung des BMI-Wertes zu erwarten, welcher sich innerhalb von 4 Monaten im Normalbereich befinden sollte. Da die Testperson ebenfalls unter Bluthochdruck leidet, welcher durch das leichte Übergewicht hervorgerufen worden sein könnte, sollte die Testperson Gewicht reduzieren, um diesen Risikofaktor auszuschließen.

Aufgrund des Wunsches der Testperson nach einer besseren Ausdauer, soll die Steigerung der Watt-Soll-Leistung im WHO-Ausdauertest ein Ziel sein.
Die Verbesserung der Ausdauer steigert ihr Lebensgefühl, da sie mit einer besseren Ausdauer wieder unbeschwerter leben kann, indem sie zum Beispiel Treppen steigen kann, ohne direkt außer Atem zu sein.

Da Bluthochdruck das Herz-Kreislauf-System belastet und einen Risikofaktor für koronare Herzkrankheiten darstellt, ist die Senkung des Blutdrucks eines der wichtigsten Trainingsziele für die Testperson. Das Ausdauertraining kann somit eine weitere Steigung des Blutdrucks und eine eventuelle Medikamenteneinnahme verhindern. Eine Blutdrucksenkung um 10-15 mmHg systolisch und 5-10 mmHg diastolisch in ca. 3 Monaten ist generell realistisch, daher sollte sich der Blutdruck der Testperson innerhalb von drei Monaten im Normbereich befinden.

3 Teilaufgabe 3 – Trainingsplanung Mesozyklus

3.1 Grobplanung Mesozyklus I

Tab. 7: Grobplanung Mesozyklus I

Mesozyklus I	
Mesozyklusdauer:	6 Wochen
Trainingsziel/e bzw. Trainingsbereich/e:	- Aufbau der Grundlagenausdauer (GA1)
	- Entwicklung & Stabilisierung der
	Grundlagenausdauer (GA 1)
Belastungsumfang/ Woche:	60-125 min
Trainingsmethoden:	Extensive Dauermethode (ExDM)
	Variable Dauermethode
Trainingsintensitäten:	- extensiv: 60-70 % Hfmax; 101-132 S/min
	- intensiv: 75-80 % Hfmax; 141-150 S/min
	- variabel: 60-80% Hfmax; 113-150 S/min
Trainingshäufigkeit/Woche:	2-3-mal
Dauer pro Trainingseinheit:	30-45 min Extensive Dauermethode
	20 min Variable Dauermethode
Trainingsgeräte:	Fahrrad, Laufband (Walking, Jogging), Cross-trainer

3.2 Detailplanung Mesozyklus I

Tab. 8: Detailplanung Mesozyklus Woche 1

Woche 1	Mo	Mi
Trainingsziel	Aufbau Grundlagenausdauer (GA1)	Aufbau Grundlagenausdauer (GA1)
Trainingsmethode(n)	Extensive Dauermethode	Extensive Dauermethode
Trainingsintensität	60-65% Hfmax	60-65% Hfmax
Trainingsherzfrequenz	101-110 S/min	101-110 S/min
Trainingsdauer	30 min	30 min
Trainingsgerät	Fahrrad	Fahrrad

Tab. 9: Detailplanung Mesozyklus Woche 2

Woche 2	Mo	Mi	Fr
Trainingsziel	Aufbau Grundlagen-ausdauer (GA1)	Aufbau Grundlagen-ausdauer (GA1)	Aufbau Grundlagen-ausdauer (GA1)
Trainingsmethode(n)	Extensive Dauermethode	Extensive Dauermethode	Extensive Dauermethode
Trainingsintensität	60-65% Hfmax	60-65% Hfmax	60-65% Hfmax
Trainingsherzfrequenz	113-122 S/min	101-110 S/min	113-122 S/min
Trainingsdauer	30 min	30 min	30 min
Trainingsgerät	Laufband (Walken)	Fahrrad	Crosstrainer

Tab. 10: Detailplanung Mesozyklus Woche 3

Woche 3	Mo	Mi	Fr
Trainingsziel	Aufbau Grundlagen-ausdauer (GA1)	Aufbau Grundlagen-ausdauer (GA1)	Aufbau Grundlagen-ausdauer (GA1)
Trainingsmethode(n)	Extensive Dauermethode	Extensive Dauermethode	Extensive Dauermethode
Trainingsintensität	60-65% Hfmax	60-65% Hfmax	60-65% Hfmax
Trainingsherzfrequenz	113-122 S/min	101-110 S/min	113-122 S/min
Trainingsdauer	35 min	35 min	35 min
Trainingsgerät	Laufband (Walken)	Fahrrad	Crosstrainer

Tab. 11: Detailplanung Mesozyklus Woche 4

Woche 4	Mo	Mi	Fr
Trainingsziel	Aufbau & Entwicklung Grundlagenausdauer (GA1)	Aufbau & Entwicklung Grundlagenausdauer (GA1)	Aufbau & Entwicklung Grundlagenausdauer (GA1))
Trainingsmethode(n)	Extensive Dauermethode	Extensive Dauermethode	Extensive Dauermethode
Trainingsintensität	65-70% Hfmax	65-70% Hfmax	60-65% Hfmax
Trainingsherzfrequenz	122-132 S/min	122-132 S/min	101-110 S/min
Trainingsdauer	40 min	40 min	45 min
Trainingsgerät	Crosstrainer	Laufband (Walken)	Fahrrad

Tab. 12: Detailplanung Mesozyklus Woche 5

Woche 5	Mo	Mi	Fr
Trainingsziel	Aufbau & Entwicklung Grundlagenausdauer (GA1)	Stabilisierung Grundlagenausdauer (GA1)	Aufbau & Entwicklung Grundlagenausdauer (GA1)
Trainingsmethode(n)	Extensive Dauermethode	Variable Dauermethode	Extensive Dauermethode
Trainingsintensität	60-65% Hfmax	60-80% Hfmax (60-70% Hfmax extensiv 75-80% Hfmax intensiv)	65-70% Hfmax
Trainingsherzfrequenz	101-110 S/min	Extensiv 113-132 S/min Intensiv 141-150 S/min	122-132 S/min
Trainingsdauer	45 min	20 min (7min extensiv; 3min intensiv)	40 min
Trainingsgerät	Fahrrad	Laufband (Walken/ Joggen)	Crosstrainer

Tab. 13: Detailplanung Mesozyklus Woche 6

Woche 6	Mo	Mi	Fr
Trainingsziel	Stabilisierung Grundlagenausdauer (GA1)	Aufbau & Entwicklung Grundlagenausdauer (GA1)	Aufbau & Entwicklung Grundlagenausdauer (GA1)
Trainingsmethode(n)	Variable Dauermethode	Extensive Dauermethode	Extensive Dauermethode
Trainingsintensität	60-80% Hfmax (60-70% Hfmax extensiv 75-80% Hfmax intensiv)	65-70% Hfmax	60-65% Hfmax
Trainingsherzfrequenz	Extensiv 113-132 S/min Intensiv 141-150 S/min	122-132 S/min	101-110 S/min
Trainingsdauer	20 min (7min extensiv; 3min intensiv)	45 min	45 min
Trainingsgerät	Laufband (Walken/ Joggen)	Crosstrainer	Fahrrad

8

3.3 Begründung zum Mesozyklus

3.3.1 Begründung zum angestrebten wöchentlichen Belastungsumfang

Der Belastungsumfang ergibt sich aus der Summe der einzelnen Trainingseinheiten einer Woche und der jeweiligen Länge dieser Einheiten. Die Testperson hat im Eingangsgespräch einen zeitlichen Verfügungsrahmen von 2-3-mal pro Woche für jeweils eine Stunde genannt. Daraus ergeben sich 120-180 Minuten pro Woche. Da die Testperson als Anfängerin eingestuft wird, sollte sie zu Beginn nicht überlastet werden. Daher startet sie mit einem geringen Belastungsumfang von 60 Minuten in Woche 1, um ihren Körper an die unbekannte Belastung zu gewöhnen und nicht zu überfordern.

In den darauffolgenden Wochen wird der Belastungsumfang dann gesteigert, um in den anschließenden Mesozyklen das Ziel von 3 Stunden pro Woche zu erreichen. Denn der Stoffwechsel wird mit einem Belastungsumfang von 3 Stunden pro Woche angeregt (Zintl & Eisenhut, 2009, S.142) und unterstützt somit das Ziel der Gewichtsreduktion.

3.3.2 Begründung zu den ausgewählten Trainingsmethoden
3.3.2.1 Extensive Dauermethode

Die extensive Dauermethode zeichnet sich durch eine lange Belastungsdauer bei gleichzeitig geringer Intensität aus. Sie dient zur Entwicklung und zum Erhalt der Grundlagenausdauer 1 (Ferrauti, 2020, S. 378) und ist besonders für Anfänger geeignet. Demnach stellt die extensive Dauermethode einen perfekten Einstieg in das Ausdauertraining der Testperson dar, um eine Grundlage für die darauffolgende Trainingsplanung zu schaffen.

Außerdem dient diese Methode dem Aufbau einer stabilen Gesundheit, der Ökonomisierung der Herz-Kreislauf-Arbeit und der Steigerung des Fettstoffwechsels, was im Hinblick auf das Übergewicht und den Bluthochdruck der Testperson einen hohen Stellenwert hat.

3.3.2.2 Variable Dauermethode

Die variable Dauermethode kennzeichnet sich durch einen Wechsel von niedrigeren zu höheren Belastungsintensitäten in einem definierten Zeitraum. Sie dient zur Stabilisierung und Entwicklung der Grundlagenausdauer 1 und baut auf der extensiven Dauermethode auf. Ziele der variablen Dauermethode sind unter anderem Anpassungen in der Skelettmuskulatur und im Herz-Kreislauf-System, was im Hinblick auf den Bluthochdruck der Testperson ein

9

wichtiges Merkmal darstellt. Außerdem bringt es Abwechslung und Variation in das Training, um die Motivation und den Spaß aufrecht zu erhalten.

3.3.3 Begründung zur Belastungsprogression

Gleichbleibende Trainingsbelastungen tragen nicht zur Steigerung, sondern nur zum Erhalt der Leistungsfähigkeit bei (Dransmann, 2020). Daher werden in den folgenden Wochen sowohl die Intensitäten als auch der Belastungsumfang gesteigert. Dabei gilt der Leitsatz „Häufigkeit vor Umfang vor Intensität". Daher wird zunächst die Häufigkeit von Woche 1 auf Woche 2 von 2 zu 3-mal pro Woche gesteigert. Im Anschluss wird der Umfang erhöht, indem die Testperson in Woche 3 nicht mehr 30, sondern 35 Minuten trainiert. Zuletzt wird in Woche 4 die Trainingsintensität von 60-65% Hfmax auf 65-70% Hfmax erhöht. Zusätzlich kommt in Woche 5 eine neue Trainingsmethode dazu, welche ebenfalls durch eine höhere Intensität gekennzeichnet ist.

3.3.4 Begründung zu den angesteuerten Trainingsbereichen

Grundsätzlich werden im Ausdauersport vier Kerntrainingsbereiche unterschieden (Neumann et al., 2007, S.140). Der Regenerations- und Kompensationsbereich (REKOM), der Grundlagenausdauerbereich 1 (GA 1), der Grundlagenausdauerbereich 2 (GA 2) und die wettkampfspezifische Ausdauer (WSA). Diese werden durch verschiedene Belastungsintensitäten unterteilt. Der GA 1-Bereich dient zunächst dem Aufbau einer Grundlagenausdauer, da diese bei der Testperson als Anfängerin noch nicht vorhanden ist.

Auch im weiteren Verlauf des ersten Mesozyklus trainiert sie ausschließlich im GA1-Bereich, um die neu gewonnene Grundlagenausdauer zu stabilisieren und zu verbessern.

Außerdem kommt es bei dem Training im GA1-Bereich zu einer Aktivierung und Verbesserung des Fettstoffwechsels sowie zu einer Ökonomisierung und Stabilisierung der Funktionen des Herz-Kreislauf-Systems, was ebenfalls hinsichtlich der Ziele der Testperson förderlich ist.

3.3.5 Begründung der ausgewählten Ausdauergeräte bzw. Bewegungsformen

Die Wahl der geeigneten Bewegungsform bzw. des Ausdauergeräts ist ein weiterer wichtiger Schritt der Trainingsplanung. Dabei gilt es sowohl auf die Kundenvoraussetzungen als auch auf die Gerätevoraussetzungen zu achten.

Bei der Kundenvoraussetzung achtet man auf die Trainingszielsetzung, die individuelle Leistungsvoraussetzung, den Gesundheitszustand sowie individuelle Vorlieben.

Bei der Gerätevoraussetzung sind die koordinativen Anforderungen, die Belastung des Bewegungsapparats, der Kalorienverbrauch etc. zu beachten.

Da die Testperson als Anfängerin einzustufen ist, wird zunächst das Fahrradergometer ausgewählt. Dies ist der Testperson bereits bekannt und schließt aufgrund der geringen koordinativen Anforderungen eine Überforderung aus. Außerdem ist, aufgrund des zu Beginn durchgeführten Fahrradergometertests, eine individuelle Belastungsdosierung möglich.

Im weiteren Verlauf werden für die Testperson das Laufband (Walking) sowie der Crosstrainer ausgewählt, um zum einen Abwechslung und Variation in das Training zu bringen. Zum anderen ist bei diesen Ausdauergeräten der cardiopulmonale Effekt höher, da ein wesentlich größerer Muskeleinsatz stattfindet. Dies ist vor allem im Hinblick auf das Ziel der Gewichtsreduktion und der Blutdrucksenkung ein wichtiger Faktor.

Zuletzt wird die Testperson mithilfe der variablen Dauermethode langsam an das Joggen auf dem Laufband herangeführt. Dies zeichnet sich durch den höchsten cardiopulmonalen Trainingseffekt und die größte Beteiligung zahlreicher Muskeln aus. Außerdem findet dabei der höchste Energieumsatz bzw. Kalorienverbrauch statt, womit die Testperson schneller das Ziel der Gewichtsreduktion erreicht.

4 Teilaufgabe 4 – Literaturrecherche

Tab. 14: Tabellarische Zusammenfassung Studie 1 (Vlatsas, 2015)

Autor:	Vlatsas, Stergios
Titel der Studie:	Kardiovaskuläre Effekte eines aeroben versus eines isometrischen Trainings bei arterieller Hypertonie
Publikationsjahr:	2015
Forschungsfrage:	Vergleich des kardiovaskulären Effekts von aerobem Training und isometrischem Faustschlusstraining
Versuchspersonen:	70 Patienten mit bekannter medikamentös behandelter arterieller Hypertonie oder einem Blutdruck ≥ 140/90 mmHg ohne medikamentöse Therapie
Versuchsaufbau:	Die 70 Teilnehmer wurden in drei Gruppen randomisiert. In der ersten Gruppe waren 25 Patienten eingeschlossen, die über einen Zeitraum von 12 Wochen ein isometrisches Training 5-mal pro Woche durchgeführt haben (Faustschlusskontraktionen mit 30% der maximalen Kraft). In der zweiten Gruppe (Placebo) waren 23 Patienten eingeschlossen, die dasselbe Protokoll wie die aktive Gruppe durchgeführt haben, allerdings mit einem Placebo-Gerät (Kontraktionen mit 5% der maximalen Kraft). In der dritten Gruppe wurden 22 Patienten motiviert, entsprechend der Leitlinien 5-mal pro Woche 30-45 Minuten aerobes Ausdauertraining zu betreiben. In allen 3 Gruppen, erfolgten in dem Zeitraum der Studie keine zusätzliche Intervention und keine Änderung der Vormedikation. Ein signifikanter Unterschied des systolischen 24h-Blutdrucks nach der 12-wöchigen Intervention im Vergleich zum Ausgangsblutdruck diente als primärer Endpunkt der Studie. Ferner wurden mittels applanationstonometrischer Pulswellenanalyse folgende mechanische Parameter der arteriellen Gefäße bestimmt: Der Augmentationsindex, der Pulsdruck, der zentrale Aortendruck, die Pulswellengeschwindigkeit und die Gefäßelastizitätsindices der großen und kleinen Gefäße und der totale periphere Widerstand.
Ergebnisse:	Das aerobe Training führte zu einer statistisch signifikanten Senkung sowohl des systolischen als auch des diastolischen Blutdrucks in der ambulanten 24-Stunden-Blutdruckmessung (systolisch von 129.1±10.4 mmHg auf 122.7±11.7, p = 0.008 und diastolisch von 79.5±8.9 auf 76.7±10.9, p = 0.009). Zusätzlich wurde eine Verbesserung der Elastizitätsindices der kleinen (3.8±2.3 auf 5.4±2.9, p = 0.036) und der großen Gefäße (9.9±2.9 auf 11.5±3.4, p= 0.03) und ein Abfall des totalen peripheren Widerstands (1798±425 auf 1581±352 dyn·s/cm5, p < 0.001) gesehen. Isometrisches Training hatte keinen Einfluss auf die ambulante 24-Stunden- Blutdruckmessung (jeweils p > 0.05). Es zeigte sich ebenfalls keine statistisch signifikante Verbesserung der Gefäßelastizitätsparameter (p > 0.05).
Schlussfolgerung	Die vorliegende Arbeit bestätigt den blutdrucksenkenden Effekt aeroben Trainings bei Hypertonikern, wohingegen isometrisches Faustschlusstraining in der untersuchten Kohorte keine blutdrucksenkenden Effekte ausübte.

Tab. 15: Tabellarische Zusammenfassung Studie 2 (Meißner, 2011)

Autor:	Meißner, Romy
Titel der Studie:	Effekte eines 12-wöchigen Ausdauertrainings auf die körperliche Leistungsfähigkeit und den psychischen Zustand von Patienten mit isolierter systolischer Hypertonie
Publikationsjahr:	2011
Forschungsfrage:	Auswirkungen eines zwölfwöchigen Trainingsprogramms auf die körperliche Leistungsfähigkeit von älteren Personen mit einer ISH
Versuchspersonen:	51 Patienten aus der Blutdrucksprechstunde (24 Personen = Trainingsgruppe; 27 Personen = Kontrollgruppe
Versuchsaufbau:	-Zunächst wurden Eingangsuntersuchungen durchgeführt, welche ein Ruhe- und Belastungs-EKG, eine Laufbandspiroergometrie, eine Langzeit-Blutdruckmessung und eine Echokardiografie des Herzens beinhalteten. Daraufhin wurden die 51 Teilnehmer in einer Trainingsgruppe und eine Kontrollgruppe randomisiert. Die Trainingsgruppe trainierte für 12 Wochen dreimal wöchentlich auf dem Laufband nach einem Intervallschema. Die Kontrollgruppe führte kein Sportprogramm durch.
Ergebnisse:	Die Leistungsfähigkeit der Patienten hat sich nach dem 12-wöchigen Training signifikant (von 153,4 ± 12,4 auf 197,7 ± 11,1 Watt, p<0.01) verbessert. Bezüglich des systolischen Blutdruckes (von 185,2 ± 5,7 auf 153,8 ± 5,9 mmHg, p<0.0004), des Laktatwertes (von 1,6 ± 0,2 auf 0,9 ± 0,04 mmol/l, p<0.003), der Herzfrequenz (von 111,4 ± 3,7 auf 92,9 ± 2,8 /min, p<0.0003) sowie des Borg-Wertes (von 11,9 ± 0,3 auf 8,4 ± 0,5, p<0.0001) während der zweiten Belastungsstufe, zeigten sich signifikante Veränderungen bei den Patienten der Trainingsgruppe. In der Kontrollgruppe trat nur bezüglich des systolischen Blutdruckwertes eine signifikante Veränderung (von 189,3 ± 5,6 auf 167,1 ± 5,3 mmHg) auf. Außerdem konnte ein positiver Zusammenhang zwischen dem Borg-Wert und dem systolischen Blutdruck (r^2: 0.2856), der Laktatkonzentration (r^2: 0.4276) sowie der Herzfrequenz (r^2: 0.4129) nachgewiesen werden. Ein Zusammenhang zwischen den erhöhten Blutdruckwerten während des Belastungstests und der Anzahl der Blutdruckspitzen im Training konnte bei einem Teilnehmer hergestellt werden.
Schlussfolgerung	Das Auftreten von Blutdruckspitzen während körperlicher Aktivität bedarf genauester Kontrolle sowie Sorgfalt bei der Durchführung und Planung der Belastungsuntersuchungen beziehungsweise des Trainings der Patienten. Die Durchführung dieser Studie gibt Anlass zu weiteren Untersuchungen bezüglich des positiven Effektes körperlicher Aktivität bei Patienten mit einer isolierten systolischen Hypertonie.

13

5 Literaturverzeichnis

Banzer, W. (Hrsg.). (2017). *Körperliche Aktivität und Gesundheit: Präventive und therapeutische Ansätze der Bewegungs- und Sportmedizin*. Berlin, Heidelberg: Springer Berlin Heidelberg. https://doi.org/10.1007/978-3-662-50335-5

Blutdruck Normalwerte - Welche Werte sind normal? | BlutdruckDaten-Lexikon. (o. J.). Zugriff am 27.12.2021. Verfügbar unter: https://www.blutdruckdaten.de/lexikon/blutdruck-normalwerte.html

Body mass index - BMI. (o. J.). Zugriff am 27.12.2021. Verfügbar unter: https://www.euro.who.int/en/health-topics/disease-prevention/nutrition/a-healthy-lifestyle/body-mass-index-bmi

Dransmann, M. (2020). *Hochintensives Intervalltraining vs. extensive Dauermethode: Feldstudie zum ausdauernden Laufen im Sportunterricht* (Research). Wiesbaden [Heidelberg]: Springer VS.

Ferrauti, A. (Hrsg.). (2020). *Trainingswissenschaft für die Sportpraxis: Lehrbuch für Studium, Ausbildung und Unterricht im Sport*. Berlin, Heidelberg: Springer Berlin Heidelberg. https://doi.org/10.1007/978-3-662-58227-5

IPN-Test - Ausdauertest für den Fitness- und Gesundheitssport.pdf. (o. J.).

Meißner, R. (2011). Effekte eines 12-wöchigen Ausdauertrainings auf die körperliche Leistungsfähigkeit und den psychischen Zustand von Patienten mit isolierter systolischer Hypertonie. https://doi.org/10.17169/refubium-13487

Neumann, G., Pfützner, A. & Berbalk, A. (2007). *Optimiertes Ausdauertraining* (5., überarb. Aufl.). Aachen: Meyer und Meyer.

Vlatsas, S. (2015). Kardiovaskuläre Effekte eines aeroben versus eines isometrischen Trainings bei arterieller Hypertonie. https://doi.org/10.17169/refubium-5448

Zintl, F. & Eisenhut, A. (2009). *Ausdauertraining: Grundlagen, Methoden, Trainingssteuerung* (BLV Sportwissen) (7., überarb. Aufl., Neuausg.). München: blv-Buchverl.

6 Tabellenverzeichnis